# EDICT DV ROY DE L'ERECTION

## EN TILTRE D'OFFICES

de Receueurs des Consignations en main tierce, par iugements, ou par deposts volontaires : Et des droicts, prerogatiues & salaire d'iceux. Auec Declaration & Commission de sa Majesté, & Arrests de la Cour des Aydes, & du Conseil d'Estat.

A PARIS,

Chez METTAYER & L'HVILLIER,
Imprimeur ordinaire du Roy.

M. D. XCVIII.

*Auec Priuilege dudict Seigneur.*

# EDICT DV ROY DE L'E-
*rection en tiltre d'offices de Receueurs des Con-*
*signations en main tierce, par iugemens, ou par*
*deposts volontaires : Et des droits, prerogatiues,*
*& salaires d'iceux.*

ENRY par la grace de Dieu Roy de
France & de Pologne, à tous presens
& à venir. Comme nous ayons cy deuant receu plusieurs plainctes parti-
culieres de nos subjects, des abus qui se com-
mettent en ce Royaume, au maniement des deniers qui sont par ordonnance de nos Iuges &
Officiers iournellement consignez, mis en garde ou depost, soit és mains des Greffiers, No-
taires, Tabellions, Commissaires, Examina-
teurs, Huissiers, Sergens, & autres. Combien
que par leur establissement & prouision de
leurs offices, nous ne leur ayons attribué aucun pouuoir de receuoir, & garder ladicte nature de deniers, iusques à present ont esté lesdictes consignations faictes à l'option de nos
Iuges, qui y auroient commis telles personnes
que bon leur auroit semblé. Lesquels pour e-
stre payez de la garde desdits deniers deposez,
consignez, & sequestrez, font infinies exactiõs:
quelquesfois sont aussi deposez & cõsignez en-

A  ij

tre les mains des marchands, la plufpart defquels font parents & alliez de nos Iuges & Officiers. Par lefquels, au cas que les parties ne
condefcendent a leur payer ce qu'ils veulent
exiger d'eux, fe font faire taxes exceffiues pour
leurfdictes gardes, trafiquants defdicts deniers
auec nofdicts Officiers, ou bien les baillent à
profict ou intereft, s'affeurans que nofdicts officiers feront prolonger le proces le plus qu'ils
pourront, pour ce-pendant eux ayder defdits
deniers. Et aduient le plus fouuent, que lors
que lefdits depofitaires font condamnez vuider leurs mains defdicts deniers, nofdits fubjects collitigans font contraincts faire proceder par faifies & emprifonnemens de leurs perfonnes & biens. Pendant lefquelles longues
pourfuites l'on a veu arriuer, que lefdicts marchands ont faict ceffion de biens, & s'en font
fuis auec lefdits deniers, ou les ayans preftez,
les ont fi mal affeurez, qu'il n'y a moyen d'vne
part ny d'autre d'en pouuoir tirer quelquefois
la moitié. Et au regard defdits Huiffiers ou Sergents conuoiteux de toucher deniers pour
eulx en ayder, reçoiuent tous oppofans, & le
plus fouuent fufcitent perfonnes pour s'oppo-
fer à la deliurance des deniers procedans des
executions par eux faictes, ou confignez entre
leurs mains. Au moyen dequoy les parties font
contrainctes remettre leurs droicts, & quicter
la plus grand part de leurs deniers pour auoir
l'autre, & obuier aufdits proces, à la fufcitation
ainfi que dict eft, defdicts Huiffiers ou Sergents

qui n'en veulent vuider leurs mains, encores
que sur lesdictes oppositions soient interue-
nues Sentences ou Arrests, recherchent autres
subtilitez, & se trouuent en fin lesdits Huissiers
& Sergens ordinairement insoluables. Ioinct
qu'il est notoire que la caution qu'ils baillent,
n'excede point deux cens liures au plus : des-
quelles consignations & deposts ainsi faicts
que dict est, nos subjects, & les marchands e-
strangers trafiquans en ce Royaume, à faulte
d'y auoir cy deuant donné l'ordre qui y estoit
requis & specialement d'auoir commis pour
faire ladite recepte, gens de bien cautionnez &
certifiez soluables & suffisans, ayans serment à
nous & à iustice, ont souffert grandes & inesti-
mables pertes. A quoy desirans pourueoir, &
releuer nosdicts subjects de telles vexations &
pertes, & faire en sorte que les deniers qui se-
ront cy apres consignez, deposez, garnis ou sequestrez, soyent fidelement, & à la conseruа-
tion du droict de chacun de nosdits subjects,
gardez en la mesme nature & especes qu'ils se-
ront baillez & deliurez, sans aucune exaction.

S ç A V O I R  F A I S O N S, que pour les sus-
dictes causes, & autres à ce nous mouuans, de
l'aduis des gens de nostre Conseil priué, Auons
par Edict perpetuel & irreuocable creé & eri-
gé, creons & erigeons en tiltre d'office formé,
en chacune des villes, bourgs, & bourgades de
cestuy nostre Royaume, esquelles y a Court de
Parlement, Chambre de nos Comptes, Court
des Aydes, des Monnoyes, & Thresor, Forests,

A iij

Conneſtablie, Mareſchaulcee de France, Bailliages, Preuoſtez, Senechaulcees, Vicom-
tez, Mairies, Vigueries, Iuges, & Conſuls des
Marchands, des Hoſtels commũs de nos villes,
& generalement en tous les Sieges, Iuſtices, &
Iuriſdictions de cedict Royaume, où la iuſtice
eſt exercee ſoubs noſtre nom, & des haults Iuſticiers, meſmement en noſtre priué, & grand
Conſeil, & Preuoſté de noſtre Hoſtel, vn Receueur qui fera recepte, & ſe chargera, & obli-
gera comme pour nos propos deniers, de tous
& chacuns les deniers qui ſeront cy apres conſignez, ſoit par ordonnance de noſdits Officiers, ou par depoſts volontaires entre marchands, & particuliers, tous Sequeſtres, Executions, Sentences, ou Arreſts diffinitifs, interlo-
cutoires, prouiſions, garniſſemens, meſmes des
deniers prouenãs des decrets d'heritages, pendant que l'on tiendra l'eſtat des oppoſitions,
pour eſtre leſdits deniers par noſtredict Receueur diſtribuez : & generalement de tous autres deniers qui ſeront desbourſez, conſignez,
ou garnis par Arreſt, Sentence, ou Iugement
de noſdicts Officiers, ciuilement ou criminel-
lement, en quelque ſorte que ce ſoit, ſans en
faire aucune exception, meſmes tous deniers
arreſtez entre les mains de nos Huiſſiers ou
Sergens : Et de ceux des haults Iuſticiers, procedans des executions par eux faictes, & ſur
leſquelles interuiendront oppoſitions. Leſquels deniers arreſtez, leſdits Huiſſiers & Sergens deliureront incontinent entre les mains

de noſdits Receueurs nouuellement creez , ſur
peine de priuation de leurs eſtats , & d'amende
arbitraire. Leſquels Receueurs ainſi creez que
dict eſt , iouyront de ſemblables honneurs , auctoritez , prerogatiues , preeminences , exemptions, franchiſes, & libertez que font nos autres Receueurs : Et auront pour tous gaigés ſix
deniers pour liure de ce que ſe monteront leſ-
dictes Conſignations, ſequeſtres, garniſſemens
& depoſts:leſquels ſix deniers pour liure ils re-
ceuront par leurs mains ſur leſdicts deniers,
ſans que pour la longueur du temps de ladicte
garde ils puiſſent prendre autre plus grande taxe ny ſalaire, ny changer les eſpeces, dont ils
feront bordereaux au pied de leurs recepiſſez,
qu'ils bailleront à chacune des parties, à peine
de priuation de leurſdits offices. Voulons auſſi
que les deniers qui ſe trouueront lors de la publication de noſtre preſent Edict conſignez
entre les mains de noſdits Greffiers, Commiſ-
ſaires, & autres, ſoient par eux remis entre les
mains de noſdits Receueurs nouuellement
creez, qui s'en chargeront à la deſcharge des
deſſuſdicts, ſans que noſdicts Receueurs puiſſent pretendre pour ladite garde aucune taxe
ny ſalaire : mais leſdits premiers gardiens, ou
depoſitaires, leſquels apres auoir remis leſdits
deniers, ſe retireront par deuers noſdictes
Courts ou Iuges, pour leur eſtre faict taxe rai-
ſonnable, & telle qu'ils aduiſeront. Et en leur
refus ſeront leſdicts depoſitaires contraincts
comme pour nos propres deniers, & affaires.

Et lefquels Receueurs feront tenus de bailler
caution par deuant les Iuges des lieux pour la
feureté defdictes Confignations. Sçavoir
ceux de nos Priué & Grand Confeil , &
Courts de Parlements , de quinze mil liures
pour eux & leurs commis : Et ceux qui feront
eftablis à nos fieges Prefidiaux , de moictié de
ladicte fomme : Et à nos autres Iuftices infe-
rieures , à l'arbitrage de nos Iuges , de moitié
ou autres fomme moderee & raifonnable , que
nous remettons à leur aduis & difcretion :
Leur defendant auffi trefexpreffément fur les
mefmes peines, d'ordonner à l'aduenir , ne per-
mettre ou fouffrir que aucune confignation,
depoft, ou garniffement foit faict ailleurs qu'entre les mains de nofdits Receueurs : & à tous
nos fubjects de les configner en autre main, vo-
lontairement, ou autrement, en quelque forte
que ce foit, à peine de confifcation defdits deniers a noftre profit. Au contraire enjoignons
à nofdits Iuges en ce cas, de proceder fommai-
rement à l'adiudication defdictes confifcations,
& d'en faire mettre les deniers és mains defdicts Receueurs nouuellement creez, par les
mefmes contrainctes qu'il eft accouftumé faire
pour nos autres deniers , nonobftant oppofitions, ou appellations quelsconques : pour lefquelles , & fans preiudice d'icelles , ne voulons
eftre differé. Defquels deniers cõfifquez, iceux
Receueurs nous tiendront compte, & vuideront leurs mains en celles des Receueurs gē-
neraux de nos Finances des prouinces efque'-

les

les lefdictes receptes des Confignations feront
eftablies, retenans neantmoins lefdicts droicts
de fix deniers pour liure, fur ladicte nature de
deniers confignez, que voulons eftre rabatus à
nofdits Receueurs generaulx en l'audition de
leurs comptes audict cas de confifcation, par
nos amez & feaux les gens de nos Comptes de
nos Prouinces, où il y aura Chambres des Cŏ-
ptes eftablies. Aufquels nous mandons ainfi le
faire fans difficulté: fans que des autres deniers
confignez, depofez ou fequeftrez, ils foient tenus rendre compte en nofdictes Chambres,
mais en vuideront leurs mains par les mande-
mens, Sentences, & Arrefts qui leur feront fi-
gnifiez, fans aucun delay, ou bien par accord
des parties, fi les confignations font volontaires.

Si donnons en mandement à nos amez
& feaux les gens tenans nos Courts de Parlement, grand Confeil, Chambre des Comptes,
Court des Aydes, Preuofts, Baillifs, Senef-
chaux, & à tous nos autres Iufticiers & Officiers qu'il appartiendra, que ces prefentes nos
lettres d'Edict ils facent lire, publier, & enregiftrer: Et du contenu en icelles iouyr pleine-
ment & paifiblement lefdicts Receueurs nouuellement creez, qui feront par nous pourueuz
en vertu de ce prefent Edict, fans y faire aucune longueur, reftrinction, modification, ou difficulté: nonobftant quelsconques Edicts, Ordonnances, Couftumes, Status, & Loix à ce
contraires, oppofitions ou appellations quels-

conques, dont si aucunes estoient interiectees,
nous auons retenu & reserué, retenons & re-
feruons à nous & à nostre Conseil priué la co-
gnoissance : & icelle interdicte & defendue à
toutes nos Courts & Iuges quelsconques, par
ces presentes. Enjoignons à nostre Procureur
general en nosdictes Courts tenir la main, re-
querir, & pourfuiure en toute diligence, & tous
affaires cessans, ladicte publication, & incontinent enuoyer à leurs Substituts des Bailliages & Senefchaulcees de leurs refforts, le Vi-
dimus de ces presentes, pour y estre fait le fem-
blable : côme auffi leurs Substituts esdits Bailliages & Senechaulcees feront tenus les enuoyer aux fieges particuliers, reffortiffans deuant
eux, à peine de fufpenfion de leurs offices. Car
tel est nostre plaisir. Et à fin que ce soit chofe
ferme & stable à toufiours, nous auons faict
mettre nostre feel à cesdictes presentes, fauf en
autres chofes nostre droict, & l'autruy en tou-
tes.

Donné à Paris au mois de Iuin, l'an de grace
mil cinq cens foixante & dixhuict, Et de nostre regne le cinquiefme.


Signees fur le reply, Par le Roy,
DE-NEVFVILLE.


Et à cofté, VISA.


Et feellees fur las de foye rouge & verd, en
cire verde, du grand feel.

Leues, publiees, & regiſtrees, oy & conſentant le Procureur general du Roy, à Paris en Parlement, le Roy y ſeãt,
le vingtſixieſme iour de Iuillet, l'an mil cinq cens quatre
vingts.

    Ainſi ſigné,                 D v-T I L L E T.

Leues, publiees, & regiſtrees ſemblablement en la
Chambre des Comptes, oy & ce conſentant le Procureur
general du Roy, du tres-expres commandement dudiⱸt
Sieur pluſieurs fois reiteré, tant de bouche que par eſcrit,
& ſuiuant la verification faiⱸte par ſa Majeſté, ſeant en
ſon Parlement, le vingtſixieſme iour de Iuillet dernier:
le vingtſixieſme iour d'Aouſt, l'an mil cinq cens quatre
vingts.

             Signé,           D A N E S.

Leues, publiees, & regiſtrees en la Court des Aydes à
Paris, oy & ce conſentant le Procureur general du Roy, du
tres-expres commandement dudiⱸt Sieur par pluſieurs fois
reiteré tant par ſes Lettres patentes en forme de iuſſion,
que de bouche: & apres auoir oy le rapport des Commiſſai-
res mandeȝ par lediⱸt Seigneur à ceſte fin, le vingthui-
ⱸtieſme iour de Mars, l'an mil cinq cens quatre vingts &
deux.

       Signé,          D E P A R S.

Par commandement de ladiⱸte Court.

# DECLARATION DV ROY

*sur l'interpretation de l'Edict de creation des Receueurs des Consignations, deposts & sequestres : par laquelle sa Majesté les declaire exempts de taille, & de tels & semblables droicts que les Receueurs des tailles de son Royaume.*

HENRY par la grace de Dieu, Roy de France & de Pologne, A nos amez & feaux, les gens de nostre Court des Aydes à Paris, & à tous nos autres Iusticiers & officiers qu'il appartiendra, & à chacun d'eux endroict soy, salut. En creant & erigeant les offices de Receueurs des cōsignations en toutes les Courts sonueraines, Bailliages, Preuostez, Seneschaulcees, Elections, Greniers à sel, Iuges, Consuls, & autres iustices & iurisdictions de ce Royaume, où la Iustice est exercee soubs nostre nom & des sieurs Iusticiers par nostre Edict du mois de Iuin mil cinq cens septante huict, deiiement publié où besoin estoit : Nous auons attribué ausdits offices les honneurs, auctoritez, prerogatiues, preeminences, exemptions, franchises & libertez dont iouyssent nos autres Receueurs : qui faict entrer en doute ceux qui desireroient e-

ftre pourueuz defdits eftats pour n'eftre bien
fondez fur ladicte iouyffance de droicts d'exé-
ption & priuileges, qui fe rapporte generalement à tous les offices de nos Receueurs, fans
autrement les particularifer: au moyen dequoy
pourroient naiftre des proces & autres diffe-
rens fur l'interpretatiõ de ladite claufe. Pour
à quoy pourueoir & efclaircir aufdits officiers
noftre volonté fur ce, à fin qu'ils puiffent eftre
affeurez de quels droits ils doiuent iouyr à cau-
fe defdits eftats: Auons, en interprenant noftre-
dit Edict, declaré & declarons, que nous auons
par iceluy entendu & entendons auoir donné
& attribué, comme de nouueau, par tant que
befoin feroit, attribuons feulement aufdits officiers, tous tels & femblables honneurs, auctoritez, prerogatiues, preeminences, exemptions, franchifes & libertez dont iouyffent les
Receueurs de nos tailles, & qui leur ont efté
attribuez tant par les Edicts de leur creation &
eftabliffement, que depuis par nos lettres de
declaration & ampliation fur iceluy: comme fi
le tout eftoit cy par le menu expres fpecifié,
fans que pour la iouyffance d'iceux, il leur foit
befoin d'auoir expeditiõ & declaration de noftre volonté, que les lettres de prouifion qui
leur feront expediees defdits offices fur la qui-
tance du Threforier de nos parties cafuelles,
& à cefte fin vous mandons & tres-expreffémét
enjoignons verifier & faire enregiftrer ces prefentes, & du contenu iouyr & vfer ceux qui ont
efté & feront pourueuz defdits offices, ceffans

tous troubles & empeſchemens, nonobſtant quelsconques oppoſitions ou appellations, ordonnances & deffenſes à ce contraires. Car tel eſt noſtre plaiſir.

Donné à Blois le ſeizieſme iour de May, l'an de grace, mil cinq cens quatre vingts & vn. Et de noſtre regne le ſeptieſme.

Par le Roy en ſon Conſeil.

Signé,  BRVLART.

Et ſeellé en queüe de cire iaulne.

Regiſtrees en la Court des Aydes à Paris, oy ſur ce le Procureur general du Roy, aux charges contenues en l'Arreſt d'icelle. Donné ce iourd'huy vingtſixieſme iour de Iuin, mil cinq cens quatre vingts & deux.

Signé,

PONCET.

# EXTRAICT DES RE-GISTRES DE LA Cour des Aydes.

E v par la Court les Lettres pa-tentes du Roy noſtre Sire en for-me de declaration, dónees à Blois le ſeizieſme iour de May mil cinq cens quatre vingts vn, par leſquel-les ledict Seigneur, en creant & erigeant les of-fices de Receueurs des Conſignations en tou-tes les Courts ſouueraines, bailliages, preuo-ſtez, ſeneſchaucees, elections, greniers à ſel, Iu-ges, Conſuls & autres iuſtices & iuriſdictions de ſon Royaume, où la iuſtice eſt exercee ſoubs ſon nom, & des ſieurs Iuſticiers, par ſon Edict du moys de Iuin, mil cinq cens ſoixante & dix-huict, deuément publié où beſoin eſtoit, auroit attribué auſdits offices les honneurs, auctori-tez, prerogatiues, preeminences, exemptions, franchiſes & libertez, dont iouyſſent ſes au-tres Receueurs : qui faict entrer en doute ceux qui deſireroient eſtre pourueuz deſdits eſtats, pour n'eſtre bien fondez ſur ladicte iouyſſance & priuileges qui ſe rapportent generalement à tous les offices de ſes Receueurs ſans autremét les particulariſer: au moyen dequoy pourroient naiſtre des proces & autres differents ſur la-dicte interpretation de ladicte clauſe. Pour à quoy pourueoir, & eſclaircir auſdits officiers ſa volonté ſur ce, à fin qu'ils puiſſent eſtre aſ-
ſeu-

ſeurez de quels droits ils doiuent iouyr, à cauſe
deſdits eſtats auroit , en interpretant ſon Edict,
declaré & declare , que par iceluy il a entendu
& entend , auoir donné & attribué, comme de
nouueau , partant que beſoin ſeroit , attribue
ſeulement auſdits officiers tous tels & ſemblables honneurs, auctoritez , prerogatiues , preeminences, exemptions, franchiſes & libertez,
dont iouyſſent les Receueurs deſdites tailles,
& qui leur ont eſté attribuez tant par les Edicts
de leur creation & eſtabliſſement , que depuis
par ſes lettres de declaration & ampliation ſur
iceluy, comme ſi le tout eſtoit és lettres par le
menu expres ſpecifié , ſans que pour la iouyſſance d'iceux il leur ſoit beſoin d'autre expe-
dition & declaration de ſa volonté, que les lettres de prouiſion qui leur ſeront expediees
deſdits offices, ſur la quictance du Treſorier de
ſes parties caſuelles. Premieres lettres de Iuſſion dudit Sieur , du quatrieſme Nouembre,
mil cinq cens quatre vingts & vn. Autre ſecon-
de lettre dudit Sieur , du vingtſixieſme Auril
mil cinq cens quatre vingts & deux. Autre
troiſieſme lettre du vingtcinquieſme iour de
May dernier paſſé , pluſieurs lettres cloſes dudict Sieur : & oys aucuns Conſeillers de ſon
Conſeil, qui auroyent eſté enuoyez en ladicte
Court: les concluſions du Procureur general
du Roy , & tout conſideré, la Court du treſ-
expres commandement du Roy , pluſieurs fois
reiteré, tant de bouche que par eſcript, a ordõ-
né & ordonne que leſdites lettres ſeront enre-

C

giftrees és regiftres d'icelle, pour iouyr de l'exemption portee par lefdictes lettres, par ceux qui feront pourueuz defdits eftats de Receueur des Confignations és lieux mentionnez au rolle feulement: Lequel à cefte fin demeurera au greffe d'icelle, pour y auoir recours quand befoin fera. Prononcé au Procureur general du Roy, le vingfixiefme iour de Iuin, mil cinq cens quatre vingts & deux.

Signé,                              PONCET.